BEI GRIN MACHT SICH IHR
WISSEN BEZAHLT

Bibliografische Information der Deutschen Nationalbibliothek:

Die Deutsche Bibliothek verzeichnet diese Publikation in der Deutschen National-
bibliografie; detaillierte bibliografische Daten sind im Internet über http://dnb.d-
nb.de/ abrufbar.

Impressum:

Copyright © 2019 GRIN Verlag
Druck und Bindung: Books on Demand GmbH, Norderstedt Germany
ISBN: 9783346192646

Dieses Buch bei GRIN:

https://www.grin.com/document/704201

Franzisca Meierbeck

Beweglichkeits- und Koordinationstraining. Trainings-planung

GRIN Verlag

GRIN - Your knowledge has value

Der GRIN Verlag publiziert seit 1998 wissenschaftliche Arbeiten von Studenten, Hochschullehrern und anderen Akademikern als eBook und gedrucktes Buch. Die Verlagswebsite www.grin.com ist die ideale Plattform zur Veröffentlichung von Hausarbeiten, Abschlussarbeiten, wissenschaftlichen Aufsätzen, Dissertationen und Fachbüchern.

Besuchen Sie uns im Internet:

http://www.grin.com/

http://www.facebook.com/grincom

http://www.twitter.com/grin_com

Deutsche Hochschule für
Prävention und Gesundheitsmanagement
Hermann Neuberger Sportschule 3
66123 Saarbrücken

Einsendeaufgabe

Fachmodul:	Trainingslehre III
Studiengang:	Gesundheitsmanagement
Datum Präsenzphase:	16.09.19-18.09.19
Name, Vorname:	Meierbeck, Franzisca
Studienort:	**München**
Semester:	**5**

Inhaltsverzeichnis

1   Personendaten

Zur optimalen Trainingsplanung ist eine vorherige Beurteilung des Gesundheitszustandes der Testperson zwingend notwendig.

Tab.1 : Allgemeine Personendaten von Herr D.

Allgemeine Daten	
Alter	22
Geschlecht	Männlich
Körpergröße	1,75 m
Körpergewicht	83 kg
Trainingsmotive	Ausgleich zum Schulalltag, Bewältigung von eventuellen Unbeweglichkeiten, Verbesserung der Gleichgewichtsfähigkeit
Berufliche Tätigkeit	Berufsoberschule
Aktuelle sportliche Aktivitäten	3x/Woche Krafttraining für je 60-90 Minuten im Fitnessstudio Leistungsstufe: Fortgeschrittener
Frühere sportliche Aktivitäten	Seit 7 Jahren: Krafttraining, 3x/Woche für je 60 Minuten; Leistungsstufe: Fortgeschrittener Hobbys: Fahrrad fahren, Schwimmen, Joggen; Leistungsstufe: Anfänger
Zeitl. Verfügungsrahmen	3x pro Woche für je 60 Minuten

Tab. 2: Daten des allgemeinen Gesundheitszustands von Herr D.

Allgemeiner Gesundheitszustand	
Orthopädische Probleme	Nein
Internistische Probleme	Nein
Ärztliche Behandlungen	Nein
Medikamenteneinnahme	nein
Sonstige gesundheitliche Einschränkungen	Keine

Aufgrund der Erfahrungen im Bereich Kraftsport im Fitnessstudio und seines optimalen gesundheitlichen Zustands, wie seiner mentalen Begeisterung für Sport, kann man bei Herr D. von einer sehr guten Belastbarkeit bzw. Trainierbarkeit ausgehen.

2 Beweglichkeitstestung

Um die Beweglichkeit von Herr D. feststellen zu können, wird ein manueller Beweglichkeitstest nach Janda durchgeführt. Dabei ist zu beachten, dass der größtmöglich erreichbare Gelenkwinkel erreicht wird. Das maximale Ausmaß ist im Allgemeinen durch die Schmerztoleranz der Testperson limitiert. (Eifler, 2019, S.47) Um adäquate Ergebnisse zu erhalten muss auf eine korrekte und einheitliche Ausführung des Tests geachtet werden. Im Folgenden werden fünf Übungen vorgestellt, bei denen die Beweglichkeit erfasst werden soll. Die Bewertung erfolgt anhand des Vergleichs mit den jeweiligen Richtlinien. Des Weiteren ist es wichtig, dass der Tester jeglichen Körperkontakt vorher mit der Testperson absprechen muss. Bei sämtlichen Übungen ist auf die richtige Körperhaltung zu achten mit besonderem Augenmerk auf ein aufgerichtetes Becken.

2.1 Testung der Brustmuskulatur (M. pectoralis major)

Tab. 3: Testung des M. pectoralis major

Testmuskulatur: M. pectoralis major	
Ausführung:	Der Proband befindet sich mit angewinkelten Beinen in Rückenlage auf der Behandlungsliege. Dabei ist zu beachten, dass die Testperson am äußersten Rand der Liege Platz nimmt, so dass der zu testende Arm seitlich überhängen kann. Um Abweichungen des Ergebnisses durch eine Hyperlordose in der LWS zu vermeiden, spannt der Tester die Bauchmuskulatur an und lässt zusätzlich das Becken fixiert (ein Abheben des Beckens muss verhindert werden). Der Testarm ist im Schultergelenk abduziert und außenrotiert (Handfläche zeigt nach oben), wobei eine 90° Beugung im Ellenbogengelenk erfolgt.
Bewertung:	Stufe 0: Keine Beweglichkeitsdefizite; Oberarm erreicht die Horizontale Stufe 1: Leichte Beweglichkeitsdefizite; Oberarm erreicht die Horizontale nur durch leichten Druck des Testers Stufe 2: Deutliche Beweglichkeitsdefizite; Oberarm erreicht Horizontale auch durch leichten Druck des Testers nicht.
Ergebnis:	Rechts: 0 Links: 0

2.2 Testung der Hüftbeugemuskulatur (speziell M. iliopsoas)

Tab. 4: Testung des M. iliopsoas

Testmuskulatur: M. iliopsoas	
Ausführung:	Es wird erneut die Rückenlage auf der Behandlungsliege eingenommen, wobei das Gesäß am Rand anliegt und die Beine sich im Überhang befinden. Auch hier muss auf eine natürliche Stellung der Wirbelsäule geachtet werden (keine Hyperlordose in der LWS). Nun ergreift die Testperson ein Bein (selbstständig oder mit Hilfe des Testers) und zieht dieses angewinkelt höchstmöglich an den Oberkörper heran. Das andere Bein bleibt im Überhang. Zur Messung wird die Position des überhängenden Oberschenkels im Verhältnis zur Körperlängsachse, also der Hüftbeugewinkel, betrachtet.
Bewertung:	Stufe 0: Keine Beweglichkeitsdefizite; Oberschenkel erreicht Horizontale Stufe 1: Leichte Beweglichkeitsdefizite; leichte Hüftbeugestellung; durch leichten Druck des Testers erreicht Oberschenkel Horizontale Stufe 2: Deutliche Beweglichkeitsdefizite; Oberschenkel erreicht Horizontale auch durch den Druck des Testers nicht.
Ergebnis:	Rechts: 0 Links: 0

2.3 Testung der Kniestreckmuskulatur (speziell M. rectus femoris)

Tab. 5: Testung des M. rectus femoris

Testmuskulatur: M. rectus femoris	
Ausführung:	Erneut nimmt der Proband die Rückenlage auf der Behandlungsliege ein. Das Gesäß schließt mit der Liege ab und die Beine befinden sich im Überhang. Ebenso wie bei der Testung der Hüftbeugemuskulatur zieht die Versuchsperson ein Bein in angewinkelter Position an den Körper heran. Das überhängende Bein wird nun durch den Tester im maximalen Hüftextensionswinkel fixiert. Anschließend wird es in einen maximal möglichen Kniebeugewinkel gelenkt. Zur Messung wird der Winkel zwischen Ober- und Unterschenkel, also der Kniebeugewinkel betrachtet.
Bewertung:	Stufe 0: Keine Beweglichkeitsdefizite; Unterschenkel hängt senkrecht herab Stufe 1: Leichte Beweglichkeitsdefizite; Unterschenkel ist leicht nach vorne gestreckt; durch leichten Druck des Testers ist es möglich, einen 90° Kniebeugewinkel zu erreichen. Stufe 2: Deutliche Beweglichkeitsdefizite; Unterschenkel ist deutlich nach vorne gestreckt; auch durch Druck des Testers wird 90° Kniebeugewinkel nicht erreicht.
Ergebnis:	Rechts: 0 Links: 0

2.4 Testung der Kniebeugemuskulatur (Mm. ischiocrurales)

Tab. 6: Testung der Mm. ischiocrurales

Testmuskulatur: M. ischiocrurales	
Ausführung:	Ein weiteres Mal befindet sich der Proband in der Rückenlage auf der Behandlungsliege. Das nicht getestete Bein wird angewinkelt auf der Liege abgestellt. Das zu testende Bein wird gestreckt und vom Tester in die maximal erreichbare Hüftflexion gelenkt. Dabei ist zu beachten, dass die Patella bei der Fixierung durch den Tester frei bleiben muss. Weder das getestete noch das Gegenbein dürfen währen der Testung die Position verändern. Ebenso muss auf eine Fixierung des Beckens und der Lendenwirbelsäule geachtet werden.
Bewertung:	Stufe 0: Keine Beweglichkeitsdefizite; die Flexion im Hüftgelenk ist im Ausmaß von 90° möglich. Stufe 1: Leichte Beweglichkeitsdefizite; die Flexion im Hüftgelenk ist bis zwischen 80-90° möglich. Stufe 2: Deutliche Beweglichkeitsdefizite; die Flexion im Hüftgelenk ist nur unter 80° möglich.
Ergebnis:	Rechts: 1 Links: 1

2.5 Testung der Wadenmuskulatur (Mm. triceps surae)

Tab. 7: Testung des M. triceps surae

Testmuskulatur: M. triceps surae	
Ausführung:	Ein letztes Mal wird die Rückenlage eingenommen. Das zu testende Bein wird ausgestreckt, wobei der Unterschenkel zur Hälfte über die Liege herausragt. Der Tester greift mit der einen Hand an das Fersenbein und mit der anderen Hand den Mittelfuß von der Fußaußenkante her. Er übt einen distalen Zug (hauptsächlich an der Ferse) aus. Der Daumen der oberen Hand übt nun zugleich leichten Druck auf den äußeren Vorfuß in Richtung des Schienbeins aus. (Ziel: Erreichen einer maximale Dorsalextension) Außerdem kann der M. soleus isoliert getestet werden: Nach Erzielen der maximalen Dorsalextension wird das Kniegelenk gebeugt. Der Tester vergrößert nun die Bewegung im Fußgelenk. Zur Messung dient der Winkel zwischen Fuß und Unterschenkel.
Bewertung:	Stufe 0: Keine Beweglichkeitsdefizite; eine Dorsalextension ist mindestens bis zur 0°-Stellung möglich (90° Fuß und Unterschenkel). Stufe 1: Leichte Beweglichkeitsdefizite; die 0°-Stellung wird nicht erreicht, eine Dorsalextension ist aber möglich. Stufe 2: Deutliche Beweglichkeitsdefizite; eine Dorsalextension ist nur bis 10° unterhalb der 0°-Stellung möglich.
Ergebnis:	Rechts: 0 Links: 0

Die Ergebnisse des Beweglichkeitstests von Herr D. sind bis auf ein leichtes Beweg-
lichkeitsdefizit bei der Kniebeugemuskulatur sehr gut. Diese wird im folgenden Dehn-
programm dementsprechend in den Fokus gelegt.

3 Trainingsplanung Beweglichkeitstraining

Im Folgenden ist die Trainingsplanung des Beweglichkeitstrainings von Herr D. darge-
stellt. Dieses besteht aus zehn verschiedenen Dehnübungen, die zusammen alle wichti-
gen Muskel-Gelenk-Systeme des Körpers vereinen. Da sich im Beweglichkeitstest le-
diglich ein leichtes Defizit in der Kniebeugemuskulatur herausstellte, wurde ein mini-
maler Fokus, im Ausmaß einer zweiten Dehnübung, auf die ischiocrurale Muskulatur
gelegt.

3.1 Dehnübungen

Dehnübung 1: Oberschenkel Vorderseite – passiv-statisch
Um den M. quadriceps femoris zu dehnen, wurde eine Übung auf der Matte gewählt,
bei der ein Stuhl (oder ein ähnlich hoher Gegenstand) auf der Gegenseite des gedehnten
Beines steht. Die Beine stehen im Ausfallschritt auf der Matte, wobei das hintere Bein
das zu dehnende Bein ist. Des Weiteren ist auf eine aufrechte Haltung des Oberkörpers
zu achten. Nun wird das hintere Bein gesenkt bis das Knie aufliegt. Um eine Anspannung des gedehnten Muskels durch Gleichgewichtsschwankungen ausschließen zu können, hält sich Herr D. nun mit einer Hand am Stuhl fest. Das zu dehnende Bein wird nun
maximal angewinkelt und mit der freien Hand am Mittelfuß fixiert, welche durch leichten Zug Richtung Körper die Dehnung intensiviert. Es handelt sich daher um eine passiv
statische Übung. (Wiemeyer, 2002, S.64)

Dehnübung 2: Oberschenkel Rückseite – passiv-dynamisch
Um die Muskeln M. biceps femoris, M. semitendinosus und M. semimembranosus zu
dehnen steht Herr D. aufrecht in hüftbreitem Stand. Der Oberkörper wird so weit wie
möglich nach vorne (unten) gebeugt, wobei die Beine gestreckt bleiben. Die Hände ver-
suchen nun dem Boden so nah wie möglich zu kommen. Dabei ist es trotzdem wichtig,
dass ein Bodenkontakt mit den Fersen besteht. Nach Erreichen der Endposition wird
diese für 2 Sekunden gehalten, anschließend wieder weitgehend gelöst und ohne weitere

Pause wieder eingenommen. Hier handelt es sich folglich um eine passiv-dynamische Übung. (Sampel , Stolz & Zisch, 2007)

Dehnübung 3: Ischiocrurale Muskulatur – aktiv-dynamisch

Die Dehnung dieser Übung betreffen die Muskeln M. biceps femoris, M. semitendinosus und M. semimembranosus. Herr D. befindet sich in Rückenlage mit angewinkelten Beinen auf einer Matte. Das zu dehnende Bein wird nun angehoben und mit den Händen maximal in Richtung Oberkörper herangezogen, wobei sich die Hände am hinteren Oberschenkel unter der Kniekehle befinden. Zur aktiven Dehnung wird die Endposition durch das Ausstrecken des Kniegelenks erreicht. Da die Ausführung dieser Übung dynamisch erfolgen soll, wird die Muskulatur nach Erreichen und kurzem Halten der Endposition wieder entspannt und der Oberschenkel etwas nach unten gesenkt. Von dieser Position aus wird ohne weitere Pause wieder die Endposition eingenommen.

Dehnübung 4: Wadenmuskulatur – passiv-statisch

Diese Übung beginnt im Ausfallschritt ca. eine Schrittlänge entfernt vor einer Wand, wobei der hintere Fuß der zu Dehnende ist. Dieser ist komplett durchgestreckt. Zudem wird die Ferse in den Boden gedrückt und um den M. gastrocnemius zu dehnen, wird der gesamte Körper nach vorne gelehnt, so dass sich Herr D. mit den Händen an der Wand abstützt. Trotz der Beugung muss die Ferse den Bodenkontakt bewahren. Die Endposition wird nach angegebenem Belastungsgefüge gehalten. Es handelt sich hierbei um eine passiv-statische Übung. (Spring, Schneider & Tritschler, 1997, S. 985)

Dehnübung 5: Brustmuskulatur – aktiv-statisch

Die Ausgangsposition dieser Übung ist ein hüftbreiter stabiler Stand. Die Arme werden auf Schulterhöhe angehoben, wobei sich die Ellenbogengelenke im 90°-Winkel befinden (die Unterarme stehen senkrecht nach oben). Die Handinnenflächen zeigen dabei Richtung Kopf. Zur Dehnung des M. pectoralis major werden die Gegenspieler der Brustmuskulatur (die Mm. rhomboidei) angespannt und gehalten. Folglich handelt es sich dabei um eine aktiv-statische Übung.

Dehnübung 6: Rumpfmuskulatur – aktiv-statisch

Die angestrebte Zielmuskulatur dieser Übung ist der M. latissimus dorsi, M. trapezius, M. deltoideus und der M. obliquus externus abdominis. Die Ausgangsstellung der Übung ist ein gerader hüftbreiter Stand. Die Beine werden mit dem Fuß überkreuzt, auf dessen Seite die Dehnung stattfinden soll. Anschließend wird der Arm der gedehnten Seite nach oben über den Kopf auf die andere Seite gestreckt. Der Oberkörper neigt sich dabei durch Anspannung der benötigten Muskulatur in dieselbe Richtung soweit es die Dehnung zulässt. Um Gleichgewichtsschwankungen zu vermeiden, ist diese aktiv-statische Dehnübung auch an einer Wand angelehnt durchführbar.

Dehnübung 7: M. erector spinae – passiv-statisch

Zur Dehnung des M. erector spinae setzt sich Herr D. in den Fersensitz und beugt den Oberkörper so weit nach vorne, bis dieser in Kontakt mit den Oberschenkeln ist. Der Kopf wird dabei zwischen den Knien abgelegt. Die Arme werden seitlich neben den Körper gelegt, wobei die Handinnenflächen nach oben zeigen. Durch bewusstes Schieben der Arme in Richtung der Zehen. Der Rücken soll zur Endposition der passiv-statischen Dehnübung bewusst rund gemacht werden.

Dehnübung 8: Schulter – passiv-statisch

Für diese Übung nimmt Herr D. einen stabilen aufrechten Stand ein. Ein Arm wird in leicht gebeugter Position vor den Körper ca. auf Brusthöhe gehoben. Der andere Arm greift nun den angehobenen Arm oberhalb des Ellenbogengelenks und zieht diesen Richtung Gegenschulter. (Der Arm befindet sich in der Endstellung nicht mehr auf Brust- sondern auf Schulterhöhe). Die passiv-statisch gedehnte Muskulatur ist der M. trapezius und der M. deltoideus.

Dehnübung 9: Unterarm – passiv-statisch

Zur Dehnung des M. extensor carpi radialis longus, M. extensor carpi radialis brevis & des M. extensor carpi ulnaris nimmt Herr D. den Vierfüßlerstand ein. Die Hände befinden sich allerdings in umgekehrter Position, das heißt die Finger zeigen in Richtung der Knie. Um die Dehnung intensiver zu gestalten, wird der Oberkörper leicht nach hinten geschoben und gehalten. Demnach handelt es sich um eine passiv-statische Übung.

Dehnübung 10: Nacken – aktiv-statisch

Als Letztes wird der M. trapezius pars descendens gedehnt. Dazu nimmt Herr D. erneut einen stabilen, aufrechten Stand ein. Der Kopf neigt sich langsam auf eine Seite (Richtung Schulter). Um den Abstand zwischen Schulter und Kopf zu verringern, wird eine Hand auf die Oberseite des Kopfes gelegt und dieser mit einem leichten Druck nach unten versetzt. Um daraufhin die Endstellung der Dehnung zu erreichen wird die ge-

genüberliegende Schulter nach unten gezogen, wobei sich das Handgelenk in einer Dorsalextension befindet. Folglich lässt sich diese Übung aktiv-statisch einordnen.

3.2 Belastungsgefüge des Beweglichkeitstrainings

Tab. 8: Belastungsgefüge des Beweglichkeitstrainings

Belastungsgefüge	
Trainingshäufigkeit pro Woche	- Übungen zur Kniebeugemuskulatur (Übung 2 & 3): täglich - Restliche Übungen: 3x/ Woche, jeweils nach dem Krafttraining
Sätze pro Übung	4
Dehndauer	Submaximal: 30 Sekunden (statisch) Maximal: 2 Sekunden (jeweils 15 Wiederholungen) (dynamisch)
Intensität	Aktiv-statisch: submaximal Aktiv-dynamisch: maximal passiv-statisch: submaximal Passiv-dynamisch: maximal

Begründung zur Trainingshäufigkeit:

Wie sich im Beweglichkeitstest nach Janda herausstellte, weist Herr D. leichte Beweglichkeitsdefizite in der Kniebeugemuskulatur auf. Da das Dehnen am effektivsten ist, wenn es langfristig und täglich durchgeführt wird, soll der Kunde die Übung 2 und Übung 3 zur Dehnung der ischiocruralen Muskulatur jeden Tag ausführen. (Tomasits & Haber, 2011, S.192) Auf Grund dessen, dass Herr D. in den anderen Testübungen gut abgeschnitten hat, werden die restlichen Dehnübungen am Ende seines Krafttrainings drei Mal pro Woche durchgeführt.

Begründung zu den Sätzen pro Übung:

Da sich ab 4 Wiederholungen weder die submaximale Dehnungsspannung verringert noch die Bewegungsreichweite nennenswert vergrößert, sind 4 Sätze maximal ausreichend. (Sampel, Stolz & Zisch, 2007, S.27)

Begründung zur Dehndauer:

Nach Oertel-Knöchel und Hänse (2016, S. 114f) erlangt man beim statischen Dehnen die größten Effekte bei einer Dehndauer von bis zu 30 Sekunden. Auch Haage (1993; zitiert nach Marschall, 1999, S.6), Grosser und Herbert (1992; zitiert nach Marschall,

1999, S.6), Kempf (1990; zitiert nach Marschall, 1999, S.6) und Spring et. Al (1986; zitiert nach Marschall, 1999, S.6) empfehlen bei unterschiedlichen Intensitäten eine Dehndauer von bis zu 30 Sekunden, wobei die Dehnstellung hier langsam eingenommen und gehalten wird. (Oertel-Knöchel & Hänse, 2016, S.136)

Wenn bei maximaler Intensität gedehnt wird, das heißt an der Schmerzgrenze, beläuft sich die Dehndauer auf gerade mal zwei Sekunden. Aufgrund der kurzen Dehndauer werden hier 15 Wiederholungen empfohlen. (Oertel-Knöchel & Hänse, 2016, S.136)

Begründung zur Intensität:

Bei maximaler Dehnintensität geht man von einem Spannungsgefühl aus, das gerade noch für ein paar Sekunden gehalten werden kann. (Sampel, Stolz & Zisch, 2007, S.25) Oft wird es auch „Dehnen an der Schmerzgrenze" genannt. (Marschall, 1999, S.6) Oertel-Knöchel und Hänse (2016, S.115) beschreiben es als „größtmögliches, sofort wieder aufzulösendes Dehngefühl". Daher wird diese Methode bei den dynamischen Dehnübungen angewendet. Da eine maximale Intensität bei längerer Dehndauer umstritten ist und Herr D. ein Anfänger im Bereich des Dehnens ist, wird die Intensität bei den statischen Übungen submaximal gehalten, um daraus möglicherweise resultierende Verletzungen auszuschließen. (Marschall, 1999, S.6) Die submaximale Intensität wird von Oertel-Knöchel und Hänse (2016, S.135) als ein „unangenehmes, aber noch aushaltbares Dehngefühl" charakterisiert.

4 Trainingsplanung Koordinationstraining

Da Herr D. bei freien Übungen im Krafttraining darauf aufmerksam wurde, dass seine Gleichgewichtsfähigkeit nicht besonders gut ausgeprägt ist, möchte er diese mit Hilfe eines Koordinationstrainings verbessern. Auf Grund dessen werden im Folgenden zehn Übungen für ein Gleichgewichtstraining und anschließend das passende Belastungsgefüge inklusive Begründung vorgestellt.

Als Voraussetzung der Übungen gilt, dass Herr D. die einbeinige Kniebeuge bereits mit Hilfe von TRX-Bändern durchgeführt hat und sich der richtigen Ausführung bewusst ist. Ebenso beherrscht Herr D. die physiologische Fußhaltung des kurzen Fußes nach Janda zur optimalen Stabilität. Die folgenden Übungen werden barfuß durchgeführt, da dabei die Auslösung reflektorischer Reaktionen der Muskeln besser erfolgt.

Der Einbeinstand wird zunächst mit dem schwächeren Bein angefangen, anschließend folgt die Durchführung mit dem stärkeren Bein.

Außerdem ist Herr D. damit einverstanden Übungen mit Körperkontakt mit dem Trainer durchzuführen.

4.1 Koordinationsübungen

Übung 1: Einbeinstand

Einbeinstand auf einer geraden Unterfläche. Das Standbein ist leicht gebeugt, wobei das freie Bein zunächst angewinkelt wird. Ist der Stand stabil wird das freie Bein ausgestreckt und gehalten. Im Anschluss wird das Bein gewechselt.

Übung 2: Einbeinstand mit Fremdeinwirkung

Einbeinstand mit ausgestrecktem freien Bein wie nach Übung 1. Nun übt der Trainer leichten Zug durch ein Thera-Band®, welches um den Oberkörper des Kunden anliegt, in verschiedene Richtungen aus, so dass sich dieser immer wieder neu stabilisieren muss. Dieses bewusste Beeinträchtigen des Gleichgewichts, das immer wieder neu hergestellt werden muss, aktiviert die stabilisierende Muskulatur. (Zägelein, 2013, S.221)

Übung 3: Einbeinstand auf einer Weichbodenmatte

Der Einbeinstand wird wie in Übung 1 mit ausgestrecktem Bein auf einer Weichbodenmatte durchgeführt. Dabei soll das Standgleichgewicht durch den Wechsel auf eine instabile Unterfläche verbessert werden. (Ritter, 2014)

Übung 4: Einbeinstand auf weicher Matte mit Fremdeinwirkung

Einbeinstand mit Fremdeinwirkung wie in Übung 2. Bei dieser Übung geht es wie bei Übung 2 darum, dass das Gleichgewicht bewusst gestört wird, um die Tiefensensibilität zu verstärken, da durch den manuellen Widerstand die koordinativen Anforderungen erhöht werden. (Chwilkowski, 2006, S.48)

Übung 5: Einbeinstand auf weicher Matte mit geschlossenen Augen

Einbeinstand wie in Übung 3 mit geschlossenen Augen. Um nach dem Prinzip vom leichten zum schweren zu handeln wird der Einbeinstand nun durch den Wegfall des optischen Analysators erschwert. (Chwilkowski, 2006, S.48)

Übung 6: Zweibeinstand auf Bosu Ball

Um mehr Bezug zur Endübung „Einbeinige Kniebeuge auf dem Bosu Ball" zu erreichen, wird die Unterlage nun durch den Bosu Ball ersetzt. Zunächst soll Herr D. den Zweibeinstand auf dem Ball beherrschen. Durch Neigung des Oberkörpers in verschiedene Richtungen, kann die Stabilität bewusst gefordert werden. (Zägelein, 2013, 221)

Übung 7: Kniebeuge auf Bosu Ball

Um nun noch sicherer zu werden, wird nach dem methodischen Prinzip „von statischen zu dynamischen Anforderungen" nach Chwilkowski (2006, S.49) die Kniebeuge auf dem Bosu Ball absolviert.

Übung 8: Einbeinstand auf Bosu Ball mit Neigungen des Körpers

Einbeinstand mit ausgestrecktem freien Bein auf Bosu Ball. Auch hier wird wie in Übung 6 bei stabilem Einbeinstand die Neigung des Oberkörpers hinzugenommen, damit die andauernde, neue Orientierung des Körpers und somit wieder die stabilisierende Muskulatur gefordert wird. (Zägelein, 2013, S.221)

Übung 9: Einbeinstand auf Bosu Ball mit Ballspiel

Bei dieser Übung steht Herr D. wie in Übung 7 im Einbeinstand auf dem Bosu Ball. Der Trainer wirft nun von unterschiedlichen Stellen im Raum einen Ball zu. Dieser muss von dem Übenden gefangen werden. Dabei wird einerseits das Drehgleichgewicht, durch Drehbewegungen im Oberkörper gefordert (Ritter, 2014, S.8) und gleichzeitig das Prinzip von „einfachen zu komplexen Anforderungen" durch die Zusatzaufgabe des Ballfangens eingehalten. (Chwilkowski, 2006, S.49)

Übung 10: Einbeinige Kniebeuge auf Bosu Ball

Herr D. muss nun die geplante Endübung, also eine einbeinige Kniebeuge auf dem Bosu Ball durchführen.

Jede Übung wird zunächst vom Trainer demonstriert. Ebenso sollte dieser während jeder Übung auf eine korrekte Körperhaltung achten, damit das Erlernen falscher Bewegungen ausgeschlossen werden kann. (Häfelinger & Schuba, 2013, S.73)

4.2 Belastungsgefüge des Koordinationstrainings

Tab. 9: Belastungsgefüge des Koordinationstrainings

Belastungsgefüge	
Trainingshäufigkeit pro Woche	3
Sätze pro Übung	3
Satzpausen	ca 1 Minute
Belastungsdauer	Statisch: 30 Sekunden Dynamisch: 5 Wiederholungen

Begründung zur Tainingshäufigkeit:

Da Herr D. das Koordinationstraining im Rahmen seines üblichen Krafttrainings am Anfang nach dem allgemeinen Aufwärmen absolvieren soll (Häfelinger & Schuba, 2013, S.73), beschränkt sich seine Trainingshäufigkeit auf die drei Tage in der Woche, an denen er Zeit für das Training hat. Dies ist ausreichend um neuromuskuläre Anpassungen zu erreichen. (Granacher, Bergmann & Gollhofer, 2007, S.7)

Begründung zu den Sätzen pro Übung:

Generell sollen bei einem Training dieser Art maximal 5 Sätze durchgeführt werden. (Chwilkowski, 2006b) Damit das Koordinationstraining aber in den zeitlichen Verfügungsrahmen passt, sind die Sätze pro Übung auf drei festgelegt.

Begründung zu den Satzpausen:

Die Pause beläuft sich generell auf eine Minute. Wichtig ist aber auch immer die individuelle Beurteilung des Wohlbefindens des Lernenden. Um eine frühzeitige zentrale und periphere Ermüdung zu vermeiden, sollte die Pause auf keinen Fall zu kurz sein. (Granacher, Bergmann & Gollhofer, 2007, S.7)

Begründung zur Belastungsdauer:

Die statischen Übungen, auch die, die leichte Bewegungen wie die Fremdeinwirkung durch Zug einer zweiten Person oder die Neigung des Oberkörpers beinhalten, werden 30 Sekunden lang ausgeführt. Da das Gleichgewicht von Herr D. noch nicht gut ausgeprägt ist, sind 30 Sekunden ausreichend. Eine längere Belastungsdauer könnte zur anfänglichen Überforderung und somit zu Demotivation führen, stattdessen sollen Erfolgserlebnisse geschaffen werden. (Chwilkowski, 2006, S.48)

Die dynamischen Übungen (Übung 7 & 10) sollen fünf Mal korrekt ausgeführt werden. Auch hier soll eine Überforderung ausgeschlossen werden, die zu Lernstress oder Lustlosigkeit verleiten könnte. (Häfelinger & Schuba, 2013, S.72)

Generell gilt aber, dass bei Ermüdung oder Nachlassen der Konzentration die Übung abgebrochen werden muss. (Häfelinger & Schuba, 2013, S.73)

5 Literaturrecherche

Zum Abschluss wurde eine Literaturrecherche zum Thema „Effekte des Dehnens im Hinblick auf eine Verletzungsprophylaxe" durchgeführt. Im Folgenden werden zwei wissenschaftliche Studien zu diesem Thema vorgestellt.

Tab. 10. : Zusammenfassung Studie 1

Studie 1: Verhindert statisches Dehnen das Auftreten von Muskelkater nach exzentrischem Training?	
Durchführer der Studie	Wiemann K. und Kamphöfner M.
Publikationsjahr	1995
Forschungsfrage	Verhindert statisches Dehnen das Auftreten von Muskelkater nach exzentrischem Training?
Versuchspersonen	24 weibliche Versuchspersonen zwischen 25 und 45 Jahren (Wiemann & Kampfhöfner, 1995, S. 413)
Versuchsaufbau	Nach kurzem Aufwärmen: Durchführung von 5 Sätzen mit je 30 Wiederholungen einer exzentrischen Belastung des M. rectus femoris; vor jedem Satz: 3 Min-Dauerdehnen eines Beines – Einteilung in zwei Gruppen: linkes & rechtes Bein; anschließend eine Minute Pause Nach dem Training mussten die Probanden die folgenden sieben Tage den Muskelkater für jedes Bein getrennt einschätzen. (Wiemann & Kampfhöfner, 1995, S. 415)
Relevante Ergebnisse und Schlussfolgerungen	Ergebnis: Muskelkater wurde im gedehnten Bein höher eingeschätzt als im nicht gedehnten; Ursachendiskussion: mechanische & neuronale Wirkungen und Änderungen der Ca^{2+}-Konzentration Folgerung: Durchführung von Dehnübungen (kurzfristig) unmittelbar vor einer Kraftbeanspruchung steigert die Gefahr von Muskelbeschwerden eher als sie zu vermindern (Wiemann & Kampfhöfner, 1995, S.411)

Tab. 11: Zusammenfassung Studie 2

Studie 2: Die Auswirkungen der statischen Dehnung und des Aufwärmens auf die Prävention von Muskelkater	
Durchführer der Studie	High D. M., Howley E. T., Franks B. D.
Publikationsjahr	1989
Forschungsfrage	Die Auswirkungen der statischen Dehnung und des Aufwärmens auf die Prävention von Muskelkater.
Versuchspersonen	62 männliche & weibliche Personen (High D. M., Howley E. T. & Franks B. D., 1989)
Versuchsaufbau	Einteilung der Versuchspersonen in vier Gruppen: 1. statisches Dehnen der Quadrizepsmuskulatur 2. ausschließlich Aufwärmen 3. Dehnen und Aufwärmen vor einem Stufentest 4. ausschließlich Stufentest Stufentest: konzentrische Bewegung mit dem rechten Bein und exzentrische Bewegung mit dem linken Bein bis zum Erreichen der persönlichen Grenze Einstufung des Muskelkaters im 24 Stunden Intervall auf einer Verhältnisskala von 0 bis 6 in den darauf folgenden fünf Tagen (High D. M., Howley E. T. & Franks B. D., 1989)
Relevante Ergebnisse und Schlussfolgerungen	Kein Unterschied in den Gruppen, die den Test absolvierten; das exzentrisch arbeitende Bein bekam einen größeren Muskelkater; Schlussfolgerung: Dehnen und/oder Aufwärmen verhindert den Muskelkater nach erschöpfenden Übungen nicht (High D. M., Howley E. T. & Franks B. D., 1989)

6 Literaturverzeichnis

Chwilkowski, C. (2006). *Koordinationstraining – Verbesserung der Haltungs- und Bewegungskoordination.* Zugriff am 03.10.2019. Verfügbar unter https://www.drachenboot.ch/files/31/koordinationstraining-swissdragons-powered-by-jansen-gisiger-communication.pdf

Chwilkowski, C. (2006b). *Medizinisches Koordinationstraining – Verbesserung der Haltungs- und Bewegungskoordination durch Propriozeption* (2. Aufl.). Köln: Deutscher Trainer Verlag.

Eifler, C. (2019). *Studienbrief Trainingslehre III* (rev.21.032.000). Deutsche Hochschule für Prävention und Gesundheitsmanagement.

Granacher, U., Bergmann, S. & Gollhofer, A. (2007). Allgemeine Richtlinien für den Einsatz von sensomotorischem Training im Schulsport. *Sportunterricht, 56* (9), 1-7

Häfelinger, U. & Schuba V. (2013). *Koordinationstherapie: propriozeptives Training.* Aachen: Meyer & Meyer Verlag.

High, D. M., Howley, E. T. & Franks, B. D., (1989). The effects of static stretching and warm-up on prevention of delayed-onset muscle soreness. *Research Quarterly for Exercise and Sport. 60* (4), 357-361

Marschall, F. (1999). Wie beeinflussen unterschiedliche Dehnintensitäten kurzfristig die Veränderung der Bewegungsreichweite?. *Deutsche Zeitschrift für Sportmedizin, 50* (1), 5-9

Oertel-Knöchel, V. & Hänse, F. (Hrsg.) (2016). *Aktiv für die Psyche - Sport und Bewegungsinterventionen bei psychisch kranken Menschen.* Berlin, Heidelberg: Springer-Verlag

Ritter, A. (2014). *Verbesserung der Konzentrationsfähigkeit durch Gleichgewichtstraining.* Masterarbeit, Universität Freiburg. Freiburg.

Sampel, K., Stolz, V. & Zisch, B. (2007). *Dehnübungen.* Projektarbeit, Universität Innsbruck. Innsbruck. Zugriff am 03.10.2019. Verfügbar unter https://sport1.uibk.ac.at/lehre/lehrbeauftragte/Huber%20Reinhard/Dehnen_%DCbungen.pdf

Spring, H., Schneider, W. & Tritschler, T. (1997). Stretching. *Der Orthopäde, 11,* 981-986

Tomasits, J. & Haber, P. (2011). *Leistungsphysiologie - Grundlagen für Trainer, Physiotherapeuten und Masseure* (4., neu bearbeitete Aufl.). Wien: Springer-Verlag

Wiemann, K. & Kamphöfner, M. (1995). Verhindert statisches Dehnen das Auftreten von Muskelkaternach exzentrischem Training?. *Deutsche Zeitschrift für Sportmedizin, 46* (9), 411-421

Wiemeyer, J. (2002). Dehnen - eine sinnvolle Vorbereitungsmaßnahme im Sport?. *Spektrum. 14* (1), 64

Zägelein, W. (2013). *Move for Life - Gesund durch Bewegung.* Berlin, Heidelberg: Springer-Verlag

7   Tabellenverzeichnis